In Loving Memory Of

―――――――――――――――――――――――――

Born

―――――――――――――――――――――――――

Entered Into Rest

―――――――――――――――――――――――――

Guest Name _____   *Thoughts & Memories* _____

_____   _____

_____   _____

Contact Info _____   _____

_____   _____

_____   _____

Guest Name _____   *Thoughts & Memories* _____

_____   _____

_____   _____

Contact Info _____   _____

_____   _____

_____   _____

Guest Name _____   *Thoughts & Memories* _____

_____   _____

_____   _____

Contact Info _____   _____

_____   _____

_____   _____

Guest Name _____   *Thoughts & Memories* _____

_____   _____

_____   _____

Contact Info _____   _____

_____   _____

_____   _____

Guest Name _____	Thoughts & Memories _____
_____	_____
Contact Info _____	_____
_____	_____
_____	_____

Guest Name _____	Thoughts & Memories _____
_____	_____
Contact Info _____	_____
_____	_____
_____	_____

Guest Name _____   *Thoughts & Memories* _____

_____   _____

Contact Info _____   _____

_____   _____

_____   _____

Guest Name _____   *Thoughts & Memories* _____

_____   _____

Contact Info _____   _____

_____   _____

_____   _____

Guest Name _____   *Thoughts & Memories* _____

_____ _____

_____ _____

Contact Info _____   _____

_____ _____

_____ _____

Guest Name _____   *Thoughts & Memories* _____

_____ _____

_____ _____

Contact Info _____   _____

_____ _____

_____ _____

Guest Name _____   *Thoughts & Memories* _____

_____   _____

_____   _____

Contact Info _____   _____

_____   _____

_____   _____

Guest Name _____   *Thoughts & Memories* _____

_____   _____

_____   _____

Contact Info _____   _____

_____   _____

_____   _____

Guest Name _____   *Thoughts & Memories* _____

_____ _____

_____ _____

Contact Info _____   _____

_____ _____

_____ _____

Guest Name _____   *Thoughts & Memories* _____

_____ _____

_____ _____

Contact Info _____   _____

_____ _____

_____ _____

Guest Name _____   *Thoughts & Memories* _____

_____ _____

_____ _____

Contact Info _____   _____

_____ _____

_____ _____

Guest Name _____   *Thoughts & Memories* _____

_____ _____

_____ _____

Contact Info _____   _____

_____ _____

_____ _____

Guest Name _____   *Thoughts & Memories* _____

Contact Info _____

Guest Name _____   *Thoughts & Memories* _____

Contact Info _____

Guest Name _____   Thoughts & Memories _____

_____   _____

_____   _____

Contact Info _____   _____

_____   _____

_____   _____

Guest Name _____   Thoughts & Memories _____

_____   _____

_____   _____

Contact Info _____   _____

_____   _____

_____   _____

Guest Name _____   *Thoughts & Memories* _____

_____   _____

_____   _____

Contact Info _____   _____

_____   _____

_____   _____

Guest Name _____   *Thoughts & Memories* _____

_____   _____

_____   _____

Contact Info _____   _____

_____   _____

_____   _____

Guest Name _____   *Thoughts & Memories* _____

Contact Info _____

Guest Name _____   *Thoughts & Memories* _____

Contact Info _____

Guest Name _____   *Thoughts & Memories* _____

_____   _____

_____   _____

Contact Info _____   _____

_____   _____

_____   _____

Guest Name _____   *Thoughts & Memories* _____

_____   _____

_____   _____

Contact Info _____   _____

_____   _____

_____   _____

Guest Name _____   *Thoughts & Memories* _____

Contact Info _____

Guest Name _____   *Thoughts & Memories* _____

Contact Info _____

Guest Name _____   *Thoughts & Memories* _____

_____   _____

_____   _____

Contact Info _____   _____

_____   _____

_____   _____

Guest Name _____   *Thoughts & Memories* _____

_____   _____

_____   _____

Contact Info _____   _____

_____   _____

_____   _____

Guest Name _____   *Thoughts & Memories* _____

_____   _____

_____   _____

Contact Info _____   _____

_____   _____

_____   _____

Guest Name _____   *Thoughts & Memories* _____

_____   _____

_____   _____

Contact Info _____   _____

_____   _____

_____   _____

Guest Name _____   *Thoughts & Memories* _____

_____   _____

_____   _____

Contact Info _____   _____

_____   _____

_____   _____

Guest Name _____   *Thoughts & Memories* _____

_____   _____

_____   _____

Contact Info _____   _____

_____   _____

_____   _____

Guest Name _____   *Thoughts & Memories* _____

_____   _____

Contact Info _____   _____

_____   _____

_____   _____

Guest Name _____   *Thoughts & Memories* _____

_____   _____

Contact Info _____   _____

_____   _____

_____   _____

Guest Name _____   *Thoughts & Memories* _____

_____   _____

_____   _____

Contact Info _____   _____

_____   _____

_____   _____

Guest Name _____   *Thoughts & Memories* _____

_____   _____

_____   _____

Contact Info _____   _____

_____   _____

_____   _____

Guest Name _____   Thoughts & Memories _____

_____   _____

_____   _____

Contact Info _____   _____

_____   _____

_____   _____

Guest Name _____   Thoughts & Memories _____

_____   _____

_____   _____

Contact Info _____   _____

_____   _____

_____   _____

Guest Name _____	Thoughts & Memories _____
_____	_____
_____	_____
Contact Info _____	_____
_____	_____
_____	_____

Guest Name _____	Thoughts & Memories _____
_____	_____
_____	_____
Contact Info _____	_____
_____	_____
_____	_____

Guest Name _____ *Thoughts & Memories* _____

_____ _____

Contact Info _____ _____

_____ _____

_____ _____

Guest Name _____ *Thoughts & Memories* _____

_____ _____

Contact Info _____ _____

_____ _____

_____ _____

Guest Name _____   *Thoughts & Memories* _____

_____   _____

_____   _____

Contact Info _____   _____

_____   _____

_____   _____

Guest Name _____   *Thoughts & Memories* _____

_____   _____

_____   _____

Contact Info _____   _____

_____   _____

_____   _____

Guest Name _____   *Thoughts & Memories* _____

_____   _____

_____   _____

Contact Info _____   _____

_____   _____

_____   _____

Guest Name _____   *Thoughts & Memories* _____

_____   _____

_____   _____

Contact Info _____   _____

_____   _____

_____   _____

Guest Name _____   *Thoughts & Memories* _____

_____   _____

_____   _____

Contact Info _____   _____

_____   _____

_____   _____

Guest Name _____   *Thoughts & Memories* _____

_____   _____

_____   _____

Contact Info _____   _____

_____   _____

_____   _____

Guest Name _____   Thoughts & Memories _____

_____   _____

_____   _____

Contact Info _____   _____

_____   _____

_____   _____

Guest Name _____   Thoughts & Memories _____

_____   _____

_____   _____

Contact Info _____   _____

_____   _____

_____   _____

Guest Name _____   Thoughts & Memories _____

_____   _____

_____   _____

Contact Info _____   _____

_____   _____

_____   _____

Guest Name _____   Thoughts & Memories _____

_____   _____

_____   _____

Contact Info _____   _____

_____   _____

_____   _____

Guest Name _____　　*Thoughts & Memories* _____

_____　　_____

_____　　_____

Contact Info _____　　_____

_____　　_____

_____　　_____

Guest Name _____　　*Thoughts & Memories* _____

_____　　_____

_____　　_____

Contact Info _____　　_____

_____　　_____

_____　　_____

Guest Name _____ *Thoughts & Memories* _____

_____ _____

_____ _____

Contact Info _____ _____

_____ _____

_____ _____

Guest Name _____ *Thoughts & Memories* _____

_____ _____

_____ _____

Contact Info _____ _____

_____ _____

_____ _____

Guest Name _____   *Thoughts & Memories* _____

_____   _____

_____   _____

Contact Info _____   _____

_____   _____

_____   _____

Guest Name _____   *Thoughts & Memories* _____

_____   _____

_____   _____

Contact Info _____   _____

_____   _____

_____   _____

Guest Name _____ *Thoughts & Memories* _____

Contact Info _____

Guest Name _____ *Thoughts & Memories* _____

Contact Info _____

Guest Name _____ *Thoughts & Memories* _____

_____ _____

Contact Info _____ _____

_____ _____

———————————————————————————————————

Guest Name _____ *Thoughts & Memories* _____

_____ _____

Contact Info _____ _____

_____ _____

Guest Name _____   Thoughts & Memories _____

_____   _____

_____   _____

Contact Info _____   _____

_____   _____

_____   _____

Guest Name _____   Thoughts & Memories _____

_____   _____

_____   _____

Contact Info _____   _____

_____   _____

_____   _____

Guest Name _____   Thoughts & Memories _____

_____   _____

_____   _____

Contact Info _____   _____

_____   _____

_____   _____

Guest Name _____   Thoughts & Memories _____

_____   _____

_____   _____

Contact Info _____   _____

_____   _____

_____   _____

Guest Name _____   *Thoughts & Memories* _____

_____   _____

_____   _____

Contact Info _____   _____

_____   _____

_____   _____

Guest Name _____   *Thoughts & Memories* _____

_____   _____

_____   _____

Contact Info _____   _____

_____   _____

_____   _____

Guest Name _____ *Thoughts & Memories* _____

_____ _____

_____ _____

Contact Info _____ _____

_____ _____

_____ _____

Guest Name _____ *Thoughts & Memories* _____

_____ _____

_____ _____

Contact Info _____ _____

_____ _____

_____ _____

Guest Name _____   *Thoughts & Memories* _____

_____   _____

_____   _____

Contact Info _____   _____

_____   _____

_____   _____

Guest Name _____   *Thoughts & Memories* _____

_____   _____

_____   _____

Contact Info _____   _____

_____   _____

_____   _____

Guest Name _____   *Thoughts & Memories* _____

_____   _____

_____   _____

Contact Info _____   _____

_____   _____

_____   _____

Guest Name _____   *Thoughts & Memories* _____

_____   _____

_____   _____

Contact Info _____   _____

_____   _____

_____   _____

Guest Name _____ *Thoughts & Memories* _____

_____ _____

_____ _____

Contact Info _____ _____

_____ _____

_____ _____

Guest Name _____ *Thoughts & Memories* _____

_____ _____

_____ _____

Contact Info _____ _____

_____ _____

_____ _____

Guest Name _____   *Thoughts & Memories* _____

_____   _____

_____   _____

Contact Info _____   _____

_____   _____

_____   _____

Guest Name _____   *Thoughts & Memories* _____

_____   _____

_____   _____

Contact Info _____   _____

_____   _____

_____   _____

Guest Name _____   *Thoughts & Memories* _____

_____   _____

_____   _____

Contact Info _____

_____   _____

_____   _____

Guest Name _____   *Thoughts & Memories* _____

_____   _____

_____   _____

Contact Info _____

_____   _____

_____   _____

Guest Name _____ *Thoughts & Memories* _____

_____ _____

Contact Info _____ _____

_____ _____

_____ _____

Guest Name _____ *Thoughts & Memories* _____

_____ _____

Contact Info _____ _____

_____ _____

_____ _____

Guest Name _____   *Thoughts & Memories* _____

———————————————   ———————————————

———————————————   ———————————————

Contact Info _____   ———————————————

———————————————   ———————————————

———————————————   ———————————————

Guest Name _____   *Thoughts & Memories* _____

———————————————   ———————————————

———————————————   ———————————————

Contact Info _____   ———————————————

———————————————   ———————————————

———————————————   ———————————————

Guest Name _____   *Thoughts & Memories* _____

_____   _____

_____   _____

Contact Info _____   _____

_____   _____

_____   _____

Guest Name _____   *Thoughts & Memories* _____

_____   _____

_____   _____

Contact Info _____   _____

_____   _____

_____   _____

Guest Name _____   *Thoughts & Memories* _____

_____   _____

_____   _____

Contact Info _____   _____

_____   _____

_____   _____

Guest Name _____   *Thoughts & Memories* _____

_____   _____

_____   _____

Contact Info _____   _____

_____   _____

_____   _____

Guest Name _____   *Thoughts & Memories* _____

_____   _____

_____   _____

Contact Info _____   _____

_____   _____

_____   _____

Guest Name _____   *Thoughts & Memories* _____

_____   _____

_____   _____

Contact Info _____   _____

_____   _____

_____   _____

Guest Name _____

_____

Contact Info _____

_____

_____

Thoughts & Memories _____

_____

_____

_____

_____

Guest Name _____

_____

Contact Info _____

_____

_____

Thoughts & Memories _____

_____

_____

_____

_____

Guest Name _____   *Thoughts & Memories* _____

_____   _____

_____   _____

Contact Info _____   _____

_____   _____

_____   _____

Guest Name _____   *Thoughts & Memories* _____

_____   _____

_____   _____

Contact Info _____   _____

_____   _____

_____   _____

Guest Name _____ *Thoughts & Memories* _____

_____ _____

_____ _____

Contact Info _____ _____

_____ _____

_____ _____

Guest Name _____ *Thoughts & Memories* _____

_____ _____

_____ _____

Contact Info _____ _____

_____ _____

_____ _____

Guest Name _____	Thoughts & Memories _____
Contact Info _____	

Guest Name _____	Thoughts & Memories _____
Contact Info _____	

Guest Name _____   *Thoughts & Memories* _____

_____   _____

_____   _____

Contact Info _____   _____

_____   _____

_____   _____

Guest Name _____   *Thoughts & Memories* _____

_____   _____

_____   _____

Contact Info _____   _____

_____   _____

_____   _____

Guest Name _____   *Thoughts & Memories* _____

_____   _____

_____   _____

Contact Info _____   _____

_____   _____

_____   _____

Guest Name _____   *Thoughts & Memories* _____

_____   _____

_____   _____

Contact Info _____   _____

_____   _____

_____   _____

Guest Name _____   *Thoughts & Memories* _____

_____   _____

_____   _____

Contact Info _____   _____

_____   _____

_____   _____

Guest Name _____   *Thoughts & Memories* _____

_____   _____

_____   _____

Contact Info _____   _____

_____   _____

_____   _____

Guest Name _____ *Thoughts & Memories* _____

Contact Info _____

Guest Name _____ *Thoughts & Memories* _____

Contact Info _____

Guest Name _____   Thoughts & Memories _____

_____   _____

_____   _____

Contact Info _____

_____   _____

_____   _____

_____   _____

Guest Name _____   Thoughts & Memories _____

_____   _____

_____   _____

Contact Info _____

_____   _____

_____   _____

_____   _____

Guest Name _____   *Thoughts & Memories* _____

_____   _____

_____   _____

Contact Info _____   _____

_____   _____

_____   _____

Guest Name _____   *Thoughts & Memories* _____

_____   _____

_____   _____

Contact Info _____   _____

_____   _____

_____   _____

Guest Name _____   Thoughts & Memories _____

_____   _____

Contact Info _____   _____

_____   _____

_____   _____

Guest Name _____   Thoughts & Memories _____

_____   _____

Contact Info _____   _____

_____   _____

_____   _____

Guest Name _____   *Thoughts & Memories* _____

_____   _____

Contact Info _____   _____

_____   _____

_____   _____

Guest Name _____   *Thoughts & Memories* _____

_____   _____

Contact Info _____   _____

_____   _____

_____   _____

Guest Name _____   *Thoughts & Memories* _____

_____   _____

_____   _____

Contact Info _____   _____

_____   _____

_____   _____

Guest Name _____   *Thoughts & Memories* _____

_____   _____

_____   _____

Contact Info _____   _____

_____   _____

_____   _____

Guest Name _____   *Thoughts & Memories* _____

_____   _____

_____   _____

Contact Info _____   _____

_____   _____

_____   _____

Guest Name _____   *Thoughts & Memories* _____

_____   _____

_____   _____

Contact Info _____   _____

_____   _____

_____   _____

Guest Name _____ *Thoughts & Memories* _____

_____ _____

Contact Info _____ _____

_____ _____

_____ _____

Guest Name _____ *Thoughts & Memories* _____

_____ _____

Contact Info _____ _____

_____ _____

_____ _____

Guest Name _____   *Thoughts & Memories* _____

_____   _____

_____   _____

Contact Info _____   _____

_____   _____

_____   _____

Guest Name _____   *Thoughts & Memories* _____

_____   _____

_____   _____

Contact Info _____   _____

_____   _____

_____   _____

Guest Name _____ *Thoughts & Memories* _____

_____ _____

Contact Info _____ _____

_____ _____

_____ _____

Guest Name _____ *Thoughts & Memories* _____

_____ _____

Contact Info _____ _____

_____ _____

_____ _____

Guest Name _____   *Thoughts & Memories* _____

_____   _____

_____   _____

Contact Info _____   _____

_____   _____

_____   _____

Guest Name _____   *Thoughts & Memories* _____

_____   _____

_____   _____

Contact Info _____   _____

_____   _____

_____   _____

Guest Name _____   *Thoughts & Memories* _____

_____   _____

Contact Info _____   _____

_____   _____

_____   _____

Guest Name _____   *Thoughts & Memories* _____

_____   _____

Contact Info _____   _____

_____   _____

_____   _____

Guest Name _____   *Thoughts & Memories* _____

_____   _____

_____   _____

Contact Info _____   _____

_____   _____

_____   _____

Guest Name _____   *Thoughts & Memories* _____

_____   _____

_____   _____

Contact Info _____   _____

_____   _____

_____   _____

Guest Name _____ *Thoughts & Memories* _____

_____ _____

_____ _____

Contact Info _____ _____

_____ _____

_____ _____

Guest Name _____ *Thoughts & Memories* _____

_____ _____

_____ _____

Contact Info _____ _____

_____ _____

_____ _____

Guest Name _____   *Thoughts & Memories* _____

_____   _____

_____   _____

Contact Info _____   _____

_____   _____

_____   _____

Guest Name _____   *Thoughts & Memories* _____

_____   _____

_____   _____

Contact Info _____   _____

_____   _____

_____   _____

Guest Name _____   *Thoughts & Memories* _____

_____   _____

_____   _____

Contact Info _____   _____

_____   _____

_____   _____

Guest Name _____   *Thoughts & Memories* _____

_____   _____

_____   _____

Contact Info _____   _____

_____   _____

_____   _____

Guest Name _____   *Thoughts & Memories* _____

_____   _____

_____   _____

Contact Info _____   _____

_____   _____

_____   _____

Guest Name _____   *Thoughts & Memories* _____

_____   _____

_____   _____

Contact Info _____   _____

_____   _____

_____   _____

Guest Name _____   *Thoughts & Memories* _____

_____   _____

_____   _____

Contact Info _____   _____

_____   _____

_____   _____

Guest Name _____   *Thoughts & Memories* _____

_____   _____

_____   _____

Contact Info _____   _____

_____   _____

_____   _____

Guest Name _____   *Thoughts & Memories* _____

_____   _____

_____   _____

Contact Info _____   _____

_____   _____

_____   _____

Guest Name _____   *Thoughts & Memories* _____

_____   _____

_____   _____

Contact Info _____   _____

_____   _____

_____   _____

Guest Name _____ *Thoughts & Memories* _____

_____ _____

_____ _____

Contact Info _____ _____

_____ _____

_____ _____

Guest Name _____ *Thoughts & Memories* _____

_____ _____

_____ _____

Contact Info _____ _____

_____ _____

_____ _____

Guest Name _____   *Thoughts & Memories* _____

_____   _____

Contact Info _____   _____

_____   _____

_____   _____

Guest Name _____   *Thoughts & Memories* _____

_____   _____

Contact Info _____   _____

_____   _____

_____   _____

Guest Name _____   Thoughts & Memories _____

_____   _____

_____   _____

Contact Info _____   _____

_____   _____

_____   _____

Guest Name _____   Thoughts & Memories _____

_____   _____

_____   _____

Contact Info _____   _____

_____   _____

_____   _____

Guest Name _____   *Thoughts & Memories* _____

_____   _____

_____   _____

Contact Info _____   _____

_____   _____

_____   _____

Guest Name _____   *Thoughts & Memories* _____

_____   _____

_____   _____

Contact Info _____   _____

_____   _____

_____   _____

Guest Name _____ *Thoughts & Memories* _____

_____ _____

_____ _____

Contact Info _____ _____

_____ _____

_____ _____

Guest Name _____ *Thoughts & Memories* _____

_____ _____

_____ _____

Contact Info _____ _____

_____ _____

_____ _____

Guest Name _____   *Thoughts & Memories* _____

_____   _____

_____   _____

Contact Info _____   _____

_____   _____

_____   _____

Guest Name _____   *Thoughts & Memories* _____

_____   _____

_____   _____

Contact Info _____   _____

_____   _____

_____   _____

Guest Name _____   *Thoughts & Memories* _____

_____   _____

_____   _____

Contact Info _____   _____

_____   _____

_____   _____

Guest Name _____   *Thoughts & Memories* _____

_____   _____

_____   _____

Contact Info _____   _____

_____   _____

_____   _____

Guest Name _____   *Thoughts & Memories* _____

_____   _____

_____   _____

Contact Info _____   _____

_____   _____

_____   _____

Guest Name _____   *Thoughts & Memories* _____

_____   _____

_____   _____

Contact Info _____   _____

_____   _____

_____   _____

Guest Name _____   *Thoughts & Memories* _____

_____   _____

_____   _____

Contact Info _____   _____

_____   _____

_____   _____

Guest Name _____   *Thoughts & Memories* _____

_____   _____

_____   _____

Contact Info _____   _____

_____   _____

_____   _____

Guest Name _____ *Thoughts & Memories* _____

Contact Info _____

Guest Name _____ *Thoughts & Memories* _____

Contact Info _____

Guest Name _____   Thoughts & Memories _____

_____   _____

_____   _____

Contact Info _____   _____

_____   _____

_____   _____

Guest Name _____   Thoughts & Memories _____

_____   _____

_____   _____

Contact Info _____   _____

_____   _____

_____   _____

Guest Name _____   *Thoughts & Memories* _____

_____   _____

_____   _____

Contact Info _____   _____

_____   _____

_____   _____

Guest Name _____   *Thoughts & Memories* _____

_____   _____

_____   _____

Contact Info _____   _____

_____   _____

_____   _____

Guest Name _____ *Thoughts & Memories* _____

_____ _____

Contact Info _____ _____

_____ _____

Guest Name _____ *Thoughts & Memories* _____

_____ _____

Contact Info _____ _____

_____ _____

Guest Name _____ *Thoughts & Memories* _____

_____ _____

_____ _____

Contact Info _____ _____

_____ _____

_____ _____

Guest Name _____ *Thoughts & Memories* _____

_____ _____

_____ _____

Contact Info _____ _____

_____ _____

_____ _____

Guest Name _____   *Thoughts & Memories* _____

_____   _____

_____   _____

Contact Info _____   _____

_____   _____

_____   _____

Guest Name _____   *Thoughts & Memories* _____

_____   _____

_____   _____

Contact Info _____   _____

_____   _____

_____   _____

Guest Name _____   *Thoughts & Memories* _____

_____   _____

_____   _____

Contact Info _____   _____

_____   _____

_____   _____

Guest Name _____   *Thoughts & Memories* _____

_____   _____

_____   _____

Contact Info _____   _____

_____   _____

_____   _____

Guest Name _____ *Thoughts & Memories* _____

_____ _____

_____ _____

Contact Info _____ _____

_____ _____

_____ _____

Guest Name _____ *Thoughts & Memories* _____

_____ _____

_____ _____

Contact Info _____ _____

_____ _____

_____ _____

Guest Name _____   *Thoughts & Memories* _____

_____   _____

Contact Info _____   _____

_____   _____

_____   _____

Guest Name _____   *Thoughts & Memories* _____

_____   _____

Contact Info _____   _____

_____   _____

_____   _____

Guest Name _____   *Thoughts & Memories* _____

_____   _____

_____   _____

Contact Info _____   _____

_____   _____

_____   _____

Guest Name _____   *Thoughts & Memories* _____

_____   _____

_____   _____

Contact Info _____   _____

_____   _____

_____   _____

Guest Name _____ *Thoughts & Memories* _____

_____ _____

_____ _____

Contact Info _____ _____

_____ _____

_____ _____

Guest Name _____ *Thoughts & Memories* _____

_____ _____

_____ _____

Contact Info _____ _____

_____ _____

_____ _____

Guest Name _____   *Thoughts & Memories* _____

_____   _____

_____   _____

Contact Info _____   _____

_____   _____

_____   _____

Guest Name _____   *Thoughts & Memories* _____

_____   _____

_____   _____

Contact Info _____   _____

_____   _____

_____   _____

Guest Name _____   *Thoughts & Memories* _____

_____   _____

_____   _____

Contact Info _____   _____

_____   _____

_____   _____

Guest Name _____   *Thoughts & Memories* _____

_____   _____

_____   _____

Contact Info _____   _____

_____   _____

_____   _____

Guest Name _____   *Thoughts & Memories* _____

_____   _____

Contact Info _____   _____

_____   _____

_____   _____

Guest Name _____   *Thoughts & Memories* _____

_____   _____

Contact Info _____   _____

_____   _____

_____   _____

Guest Name _____   *Thoughts & Memories* _____

_____   _____

_____   _____

Contact Info _____   _____

_____   _____

_____   _____

Guest Name _____   *Thoughts & Memories* _____

_____   _____

_____   _____

Contact Info _____   _____

_____   _____

_____   _____

Guest Name _____   *Thoughts & Memories* _____

_____   _____

Contact Info _____

_____   _____

_____   _____

Guest Name _____   *Thoughts & Memories* _____

_____   _____

Contact Info _____

_____   _____

_____   _____

Guest Name _____ *Thoughts & Memories* _____

_____ _____

_____ _____

Contact Info _____ _____

_____ _____

_____ _____

Guest Name _____ *Thoughts & Memories* _____

_____ _____

_____ _____

Contact Info _____ _____

_____ _____

_____ _____

Guest Name _____ *Thoughts & Memories* _____

_____ _____

_____ _____

Contact Info _____ _____

_____ _____

_____ _____

Guest Name _____ *Thoughts & Memories* _____

_____ _____

_____ _____

Contact Info _____ _____

_____ _____

_____ _____

Guest Name _____   *Thoughts & Memories* _____

_____   _____

Contact Info _____

_____   _____

_____   _____

Guest Name _____   *Thoughts & Memories* _____

_____   _____

Contact Info _____

_____   _____

_____   _____

Guest Name _____   *Thoughts & Memories* _____

_____   _____

_____   _____

Contact Info _____   _____

_____   _____

_____   _____

Guest Name _____   *Thoughts & Memories* _____

_____   _____

_____   _____

Contact Info _____   _____

_____   _____

_____   _____

Guest Name _____   *Thoughts & Memories* _____

_____   _____

_____   _____

Contact Info _____   _____

_____   _____

_____   _____

Guest Name _____   *Thoughts & Memories* _____

_____   _____

_____   _____

Contact Info _____   _____

_____   _____

_____   _____

Guest Name _____   *Thoughts & Memories* _____

_____   _____

_____   _____

Contact Info _____   _____

_____   _____

_____   _____

Guest Name _____   *Thoughts & Memories* _____

_____   _____

_____   _____

Contact Info _____   _____

_____   _____

_____   _____

Guest Name _____   *Thoughts & Memories* _____

_____   _____

_____   _____

Contact Info _____   _____

_____   _____

_____   _____

Guest Name _____   *Thoughts & Memories* _____

_____   _____

_____   _____

Contact Info _____   _____

_____   _____

_____   _____

Guest Name _____   *Thoughts & Memories* _____

_____   _____

_____   _____

Contact Info _____   _____

_____   _____

_____   _____

Guest Name _____   *Thoughts & Memories* _____

_____   _____

_____   _____

Contact Info _____   _____

_____   _____

_____   _____

Guest Name _____   *Thoughts & Memories* _____

_____   _____

_____   _____

Contact Info _____   _____

_____   _____

_____   _____

Guest Name _____   *Thoughts & Memories* _____

_____   _____

_____   _____

Contact Info _____   _____

_____   _____

_____   _____

Guest Name _____   *Thoughts & Memories* _____

_____   _____

_____   _____

Contact Info _____   _____

_____   _____

_____   _____

Guest Name _____   *Thoughts & Memories* _____

_____   _____

_____   _____

Contact Info _____   _____

_____   _____

_____   _____

Guest Name _____   *Thoughts & Memories* _____

_____   _____

_____   _____

Contact Info _____   _____

_____   _____

_____   _____

Guest Name _____   *Thoughts & Memories* _____

_____   _____

_____   _____

Contact Info _____   _____

_____   _____

_____   _____

Guest Name _____   *Thoughts & Memories* _____

_____   _____

_____   _____

Contact Info _____   _____

_____   _____

_____   _____

Guest Name _____   *Thoughts & Memories* _____

_____   _____

_____   _____

Contact Info _____   _____

_____   _____

_____   _____

Guest Name _____   *Thoughts & Memories* _____

_____   _____

_____   _____

Contact Info _____   _____

_____   _____

_____   _____

Guest Name _____   *Thoughts & Memories* _____

_____   _____

_____   _____

Contact Info _____   _____

_____   _____

_____   _____

Guest Name _____   *Thoughts & Memories* _____

_____   _____

_____   _____

Contact Info _____   _____

_____   _____

_____   _____

Guest Name _____   *Thoughts & Memories* _____

_____   _____

_____   _____

Contact Info _____   _____

_____   _____

_____   _____

Guest Name _____   *Thoughts & Memories* _____

_____   _____

_____   _____

Contact Info _____   _____

_____   _____

_____   _____

Guest Name _____   *Thoughts & Memories* _____

_____   _____

_____   _____

Contact Info _____   _____

_____   _____

_____   _____

Guest Name _____ *Thoughts & Memories* _____

_____ _____

_____ _____

Contact Info _____ _____

_____ _____

_____ _____

Guest Name _____ *Thoughts & Memories* _____

_____ _____

_____ _____

Contact Info _____ _____

_____ _____

_____ _____

Guest Name _____ *Thoughts & Memories* _____

Contact Info _____

Guest Name _____ *Thoughts & Memories* _____

Contact Info _____

Guest Name _____   *Thoughts & Memories* _____

_____   _____

Contact Info _____   _____

_____   _____

_____   _____

Guest Name _____   *Thoughts & Memories* _____

_____   _____

Contact Info _____   _____

_____   _____

_____   _____

Guest Name _____   *Thoughts & Memories* _____

_____   _____

Contact Info _____   _____

_____   _____

_____   _____

Guest Name _____   *Thoughts & Memories* _____

_____   _____

Contact Info _____   _____

_____   _____

_____   _____

Guest Name _____   *Thoughts & Memories* _____

_____   _____

_____   _____

Contact Info _____   _____

_____   _____

_____   _____

Guest Name _____   *Thoughts & Memories* _____

_____   _____

_____   _____

Contact Info _____   _____

_____   _____

_____   _____

Guest Name _____   *Thoughts & Memories* _____

_____   _____

_____   _____

Contact Info _____   _____

_____   _____

_____   _____

Guest Name _____   *Thoughts & Memories* _____

_____   _____

_____   _____

Contact Info _____   _____

_____   _____

_____   _____

Guest Name _____   *Thoughts & Memories* _____

_____   _____

_____   _____

Contact Info _____   _____

_____   _____

_____   _____

Guest Name _____   *Thoughts & Memories* _____

_____   _____

_____   _____

Contact Info _____   _____

_____   _____

_____   _____

Guest Name _____   *Thoughts & Memories* _____

_____   _____

_____   _____

Contact Info _____   _____

_____   _____

_____   _____

Guest Name _____   *Thoughts & Memories* _____

_____   _____

_____   _____

Contact Info _____   _____

_____   _____

_____   _____

Guest Name _____   *Thoughts & Memories* _____

_____   _____

_____   _____

Contact Info _____   _____

_____   _____

_____   _____

Guest Name _____   *Thoughts & Memories* _____

_____   _____

_____   _____

Contact Info _____   _____

_____   _____

_____   _____

Guest Name _____   *Thoughts & Memories* _____

_____   _____

_____   _____

Contact Info _____   _____

_____   _____

_____   _____

Guest Name _____   *Thoughts & Memories* _____

_____   _____

_____   _____

Contact Info _____   _____

_____   _____

_____   _____

Guest Name _____   *Thoughts & Memories* _____

_____   _____

_____   _____

Contact Info _____   _____

_____   _____

_____   _____

Guest Name _____   *Thoughts & Memories* _____

_____   _____

_____   _____

Contact Info _____   _____

_____   _____

_____   _____

Guest Name _____ *Thoughts & Memories* _____

_____ _____

_____ _____

Contact Info _____ _____

_____ _____

_____ _____

Guest Name _____ *Thoughts & Memories* _____

_____ _____

_____ _____

Contact Info _____ _____

_____ _____

_____ _____

Guest Name _____   *Thoughts & Memories* _____

_____   _____

Contact Info _____

_____   _____

_____   _____

Guest Name _____   *Thoughts & Memories* _____

_____   _____

Contact Info _____

_____   _____

_____   _____

Made in the USA
Middletown, DE
28 May 2024